商湯灭夏

◎ 主编　金开诚

◎ 编著　闫利锋　李欣欣

吉林文史出版社
吉林出版集团有限责任公司

图书在版编目（CIP）数据

商汤灭夏 / 闫利锋，李欣欣编著 . 一长春：吉林出版集团有限责任公司：吉林文史出版社，2010.11（2022.1 重印）
ISBN 978-7-5463-3967-2

Ⅰ . ①商… Ⅱ . ①闫… ②李… Ⅲ . ①中国－古代史－夏代～商代－通俗读物 Ⅳ . ① K220.9

中国版本图书馆 CIP 数据核字（2010）第 205553 号

商汤灭夏

SHANGTANG MIEXIA

主编/ 金开诚 编著/闫利锋 李欣欣
项目负责/崔博华 责任编辑/崔博华 钟 杉
责任校对/钟 杉 装帧设计/柳甬泽 王 惠
出版发行/吉林文史出版社 吉林出版集团有限责任公司
地址/长春市人民大街4646号 邮编/130021
电话/0431-86037503 传真/0431-86037589
印刷 / 三河市金兆印刷装订有限公司
版次 /2010 年 11 月第 1 版 2022 年 1 月第 5 次印刷
开本/650mm×960mm 1/16
印张/9 字数/30千
书号/ISBN 978-7-5463-3967-2
定价/34.80元

关于《中国文化知识读本》

文化是一种社会现象，是人类物质文明和精神文明有机融合的产物；同时又是一种历史现象，是社会的历史沉积。当今世界，随着经济全球化进程的加快，人们也越来越重视本民族的文化。我们只有加强对本民族文化的继承和创新，才能更好地弘扬民族精神，增强民族凝聚力。历史经验告诉我们，任何一个民族要想屹立于世界民族之林，必须具有自尊、自信、自强的民族意识。文化是维系一个民族生存和发展的强大动力。一个民族的存在依赖文化，文化的解体就是一个民族的消亡。

随着我国综合国力的日益强大，广大民众对重塑民族自尊心和自豪感的愿望日益迫切。作为民族大家庭中的一员，将源远流长、博大精深的中国文化继承并传播给广大群众，特别是青年一代，是我们出版人义不容辞的责任。

《中国文化知识读本》是由吉林出版集团有限责任公司和吉林文史出版社组织国内知名专家学者编写的一套旨在传播中华五千年优秀传统文化，提高全民文化修养的大型知识读本。该书在深入挖掘和整理中华优秀传统文化成果的同时，结合社会发展，注入了时代精神。书中优美生动的文字、简明通俗的语言、图文并茂的形式，把中国文化中的物态文化、制度文化、行为文化、精神文化等知识要点全面展示给读者。点点滴滴的文化知识仿佛繁星，组成了灿烂辉煌的中国文化的天穹。

希望本书能为弘扬中华五千年优秀传统文化、增强各民族团结、构建社会主义和谐社会尽一份绵薄之力，也坚信我们的中华民族一定能够早日实现伟大复兴！

目录

一、商族的起源

（一）玄鸟生商

商族是一个古老的民族，具有悠久的历史。商原是夏朝东部一个以玄鸟也就是燕子为图腾的部落，祖先叫做“契”。据历史记载：“天命玄鸟，降而生商，宅殷土芒芒。”这是《诗经 · 商颂 · 玄鸟》中的诗句，说的是商的始祖契的母亲简狄吞玄鸟卵而生契的神话故事。《史记·殷

本纪》也记载："殷契，母曰简狄，有娀氏之女，为帝喾次妃。三人行浴，见玄鸟堕其卵，简狄取吞之，因孕生契。"

传说，在远古的黄河之滨，中原的天空是那样的蔚蓝，阳光是那样的明媚，一只"玄鸟"唱着歌儿从空中飞来，带给人们无穷无尽的遐想——它是天的使者，原始部落的人们一个个对它顶礼膜拜。帝喾的妃子简狄，自从嫁给帝喾后，一直没有生育儿女。在这一年，简狄和帝喾及家人到郊外祭祀媒神，也就是专管生儿育女的神。祭祀时,简狄诚心祈祷,希望能怀孕。祭祀仪式后，简狄和她的两个妹妹在水中洗澡。这时，有一只衔着卵（即鸟蛋）的玄鸟落下来。简狄眼明手快，接到了鸟卵。出于好奇，简狄把卵含在嘴里,谁知一不小心,竟吞了下去。不久简狄就怀了孕，过了几个月，难产，剖腹而生下一子,取名为契,契就是阏伯,就是传说中的商的始祖。这就是“玄鸟

生商”的美丽故事。契并不是帝喾的儿子，但他是商族由母系氏族社会向父系氏族社会过渡的第一位男性首领。简狄性情温和，很有教养，上知天文，下知地理，道德高尚，乐善好施。契从小就受到良好教育，在他青少年时期，简狄又给他树立了良好的家庭伦理道德观。契生性聪明，把母亲的教导牢牢记在心上。

契长大以后，曾帮助禹治理洪水。他勤恳踏实，多次受到禹的赞赏，立下了汗马功劳。契还在宫廷中担当负责教

育民众的官。当时的人民，虽然能吃饱穿暖，但缺少教育，经常发生争吵。契教人们正确处理君臣、父子、夫妇、长幼、朋友五种关系，做到父子有亲，君臣有义，夫妇有和，长幼有爱，朋友有信。契的工作十分出色，经过他的努力，百姓的道德风貌大为改观。契因为治国有功，被封在商地，也就是现在的河南商丘一带。契是商朝君王的始祖，又由于契是母亲简狄吞了玄鸟卵而生的，也

应该是玄鸟的儿子。所以商人把玄鸟视作神鸟。简狄吞卵而生契的传说给商朝的诞生染上了一层神话色彩。这个故事似乎有些荒诞不经，但正好反映出商和世界其他民族一样，经历着漫长的“知其母不知其父”的母系氏族社会阶段。

（二）迁徙的民族

商人的祖先契，还受封于商。商族因为居住在商水沿岸而得名。商族还是一个善于放牧的民族，不断迁徙、游移不定，早期过着逐水草而居的生活。可能受这种游牧传统的影响，经常迁徙便成为先商部落的特征。文献记载，商人由始祖契开始至商汤灭夏之前的四百多年间，共有八次迁徙。由河北南部的漳水一直南迁，大致迁徙范围涉及今山西南部、河南东部及山东西部。

《世本》有“契居番”的记载。“番”就是“亳”，在今河南商丘附近(一说在山东滕县)。《史记·殷本纪》上说:“自契至汤八迁。”契的儿子昭明迁居砥石(今河北泜水流域)，昭明的儿子相土又迁居商丘。相土以商丘为中心，把势力伸展到黄河下游的广大地区、泰山附近以及渤海沿岸，后来被称为“相土之东都”。但至于商族起源于何地，由于远古时期史籍记载不详，加上后世地名变化很大，

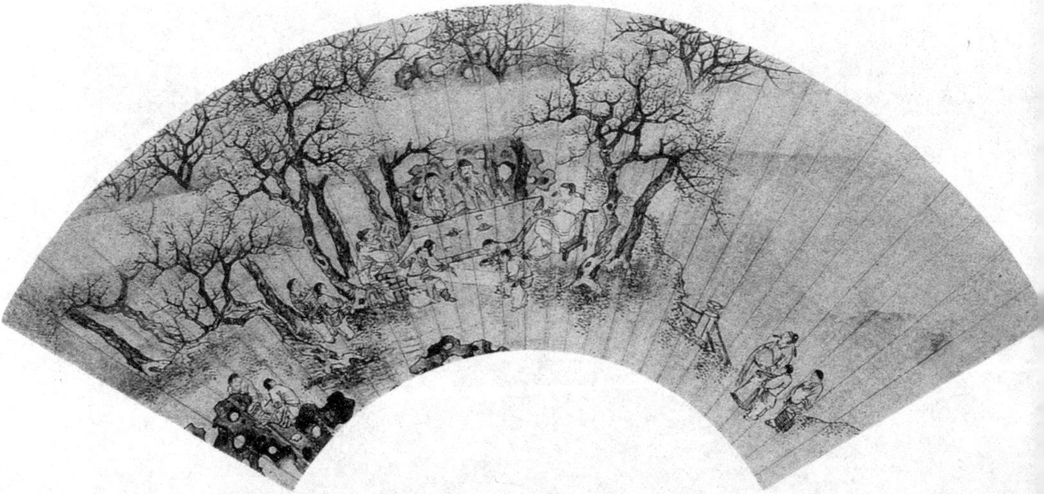

一直还是个谜。千百年来，专家学者做了大量的考证，得出商族起源于东方的结论。据记载，东方民族对他们祖先的来源，有一种共同的传说，即所谓卵生。商族人说自己是卵生的，所以，他们先世兴起的地方应该是在东方。相土迁至商丘附近后，商部落的农业日益得以发展。相土的曾孙冥“勤其官而水死”，冥既为治水而死，自然是为了发展农业。冥的儿子王亥，开始用牛负重，在各部落间进行贸易。有易氏夺取了王亥的牛，杀死王亥，双方发生冲突。后来，王亥

的儿子上甲微借助河伯的兵力，打败有易氏，杀死有易之君绵臣，进一步扩大了商人的活动范围。到汤时，商的实力更强了。

二、商汤灭夏的历史背景

（一）动荡不安的夏政权

夏朝是我国历史上第一个朝代，禹是夏朝的第一位国君。禹当上夏朝的国君后，在部落联盟中拥有无上的权力，并把这权力加以强化和神圣化，使它更加巩固，以便把各部落统一在一起。大禹去世前几年，想效仿尧舜，找一个贤能的人来接替自己。最初，人们推举在

帝舜时就掌管刑法的皋陶，但是由于年事已高，没等到继位，皋陶就病死了。后来经过商议，又一致推举皋陶之子伯益做他的继承人。伯益曾经是大禹治水时的一名主要助手，发明过一种凿井的新方法，他擅长畜牧和狩猎，曾教会人们用火烧的办法来驱赶林中的野兽。所以在当时人们的心目中，伯益是仅次于大禹的一位英雄。

随着王位的巩固，禹越来越觉得自己好不容易得来的王权应该由自己的儿子来接管，而不能让外人来继承。可是伯益功劳卓著，威望极高，首领们在会议上都推举他做禹的继承人。禹感到众怒难犯，只好顺水推舟，答应下来。因为这件事，禹越发烦躁，寝食难安。后来他想到："自己所以能顺利地继承舜位，一是当年治水有功得到了人们的尊敬和爱戴；二是舜选定自己做继承人之后，就让自己行使治理天下的大权。如果我

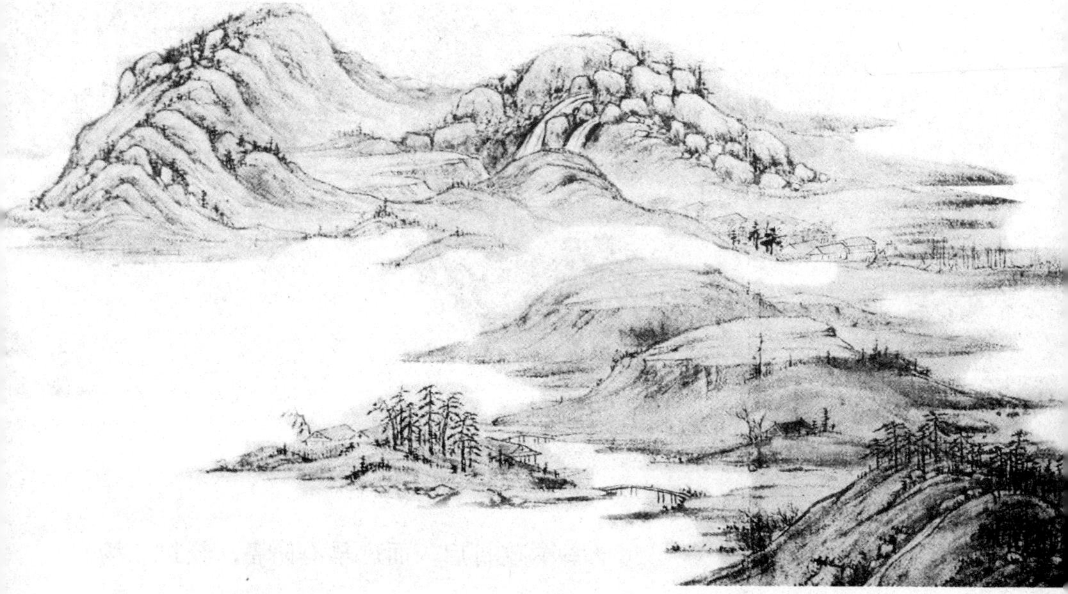

也效法当年舜的做法，把治理天下的大权让儿子去执行，而只给伯益一个继承人的名义，可不可以呢？”于是禹开始让启参与治理国事。过了几年，启把国事处理得很好，在人们心目中的地位也高了起来，而伯益作为继承人，却没有新的政绩，他过去办的好事，人们也渐渐淡忘了。禹王死后，他的儿子夏启就正式地开始行使起王权。

伯益看到事情成了这个样子，非常生气。他本是东夷人，便召集东夷部族

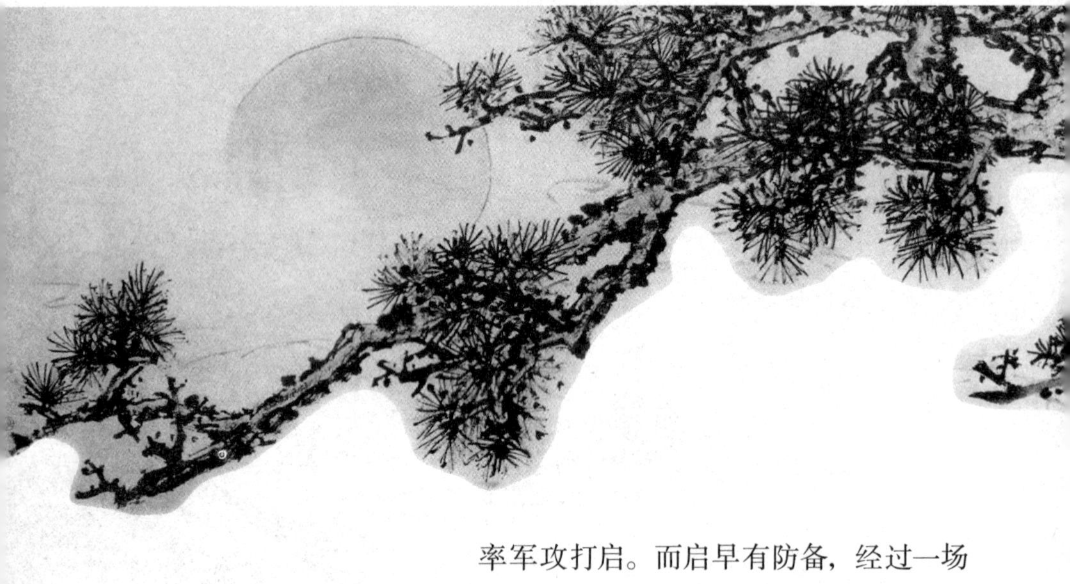

率军攻打启。而启早有防备，经过一场大战，启打败了伯益的军队。夏启为了庆祝胜利，在钧台(今河南禹州)举行了大规模宴会，公开宣布自己是夏朝的第二代国君。从此，父亡子继的“家天下”制度便取代了任人唯贤的“公天下”制度。为了赢得民心，继位之初的启严于律己，过着粗茶淡饭的俭朴生活。他每顿只吃一碗蔬菜，每晚都睡在柴草上，除祭祀以外，不允许在王室演奏任何音乐。他尊敬老人，爱护小孩，求贤天下。夏启求贤若渴、勤俭自砺的举动果然起到了

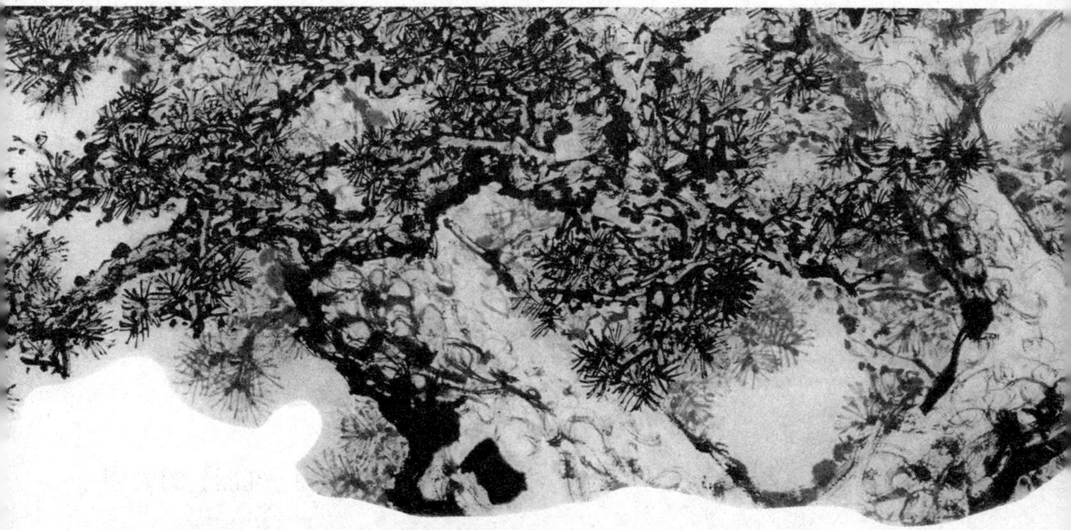

良好的效果，深得一些部落的支持和拥戴，很快成为人们心中的偶像。但还有许多部族对他改变禅让传统的做法表示出强烈的不满。有一个部族首领有扈氏，便站出来反对夏启，要求启按照部落会议的决定，还位于伯益。于是，夏启就和有扈氏在甘泽(今陕西户县一带)进行了一场战斗。经过激烈的厮杀，有扈氏被打败了，有扈氏部落的成员也被罚做奴隶。从此，夏启的王位终于坐稳了。然而此后，启却一改以往的作风，生活变得腐化起来，整日饮酒作乐，歌舞游

猎。传说他曾创作了名为《九韶》的大型乐舞。夏启年老时，他的几个儿子激烈地争夺继承权，出现了五子争权的斗争。小儿子武观（一说为幼弟）因为争得最凶，被启放逐到黄河西岸（今陕西一带）。武观聚众反叛，启派大将彭伯寿带兵将他打败，并押来见启，武观只好认罪服输。不久，夏启因荒淫过度而病死。

夏启死后，他的儿子太康继位，太康是个昏庸的君王，又沉湎于酒色，每天只知道狩猎游戏，不理朝政，弄得国家百事废弛，民怨沸腾。一次，太康带人到洛水北岸打猎，竟数月不归。那时，黄河下游有一个东夷族部落的首领，名叫后羿。他是一个神箭手，早就想夺取夏王的权力。见太康狩猎在外，就亲自率兵守住洛水南岸，阻断太康的归途。等到太康猎兴已尽、满载猎物而归时，发现已回不去了。太康叫苦不迭，只得派人前去与后羿谈判。后羿道："太康一向不理国事，失去了作为国王的资格，应该逊位让贤，就不必回来了。"太康听了这话，气得七窍生烟，但因手下士兵甚少，无力与后羿抗争，只得暗中派人请求各诸侯相助，可各诸侯因为太康奢逸无度，早就心怀不满，又慑于后羿的强大，谁也不愿帮助太康。太康有家难回，有国难投，只得在洛水北岸过着流浪生活，最后客死他乡。

太康死后，虽然由他弟弟仲康继位，但仲康软弱无能，当了后羿的傀儡。国家大事都由后羿做主。但后羿也是一个残暴的统治者，其统治引起一些部落的不满，主持天时历象的羲氏、和氏公开反对羿的政权，羿就派一名叫胤的人率众前往征伐。仲康以后，其子相继位，逃往斟寻氏和斟灌氏，羿遂独揽夏朝大权。据说，羿得夏政之后，只顾着每天去打猎，从不问政事，并迫害忠良，罢免、杀害武罗、伯困、龙圉等贤臣，反而重用被伯明氏驱逐的不肖子弟寒浞。寒浞对上屈膝谄媚，到处贿赂，扰乱朝纲，经常怂恿后羿田猎游玩。寒浞还极力网罗党羽，拥有很大权力。后来，寒浞又勾结后羿的部下，趁后羿外出狩猎之机，

杀死后羿及其家人，篡夺了统治权，占据后羿妻室，沿用有穷氏的国号。寒浞封自己的儿子浇在过一带，另一个儿子豷被封在戈。浇率重兵灭掉斟灌氏，又去讨伐斟寻氏，杀掉在那里的夏的后代相。相的妻子缗已经怀孕，慌忙中急从墙中逃出，投奔她的母亲家有仍氏，在那里生下少康。后羿被杀后，相的儿子少康出逃，得到虞氏的帮助，在那里组织起夏的旧部，乘寒浞内讧之机，出兵打败了寒浞，夺回了夏的政权。少康在位期间，勤政爱民，专心发展农业水利，深

得百姓爱戴。他执政时期，夏朝经济有所发展，社会趋于稳定，各诸侯也按时朝贺，夏朝进入由“治”及“盛”的局面，出现了中兴的形势，历史上称之为“少康中兴”。少康之后的予、槐、芒、泄、不降、扃、廑、孔甲八代的统治，政治稳定，经济繁荣。但是从第十四个君主孔甲起，王室又开始不修内政，外患不断，阶级矛盾日趋尖锐。孔甲“好方鬼神，事淫乱”，不理朝政，迷信鬼神，专事打猎玩乐，招致人民怨恨，诸侯反叛。由于国力衰弱，也无法控制各诸侯国势力的发展，夏朝的统治从此危机四伏，逐渐走向崩溃。只过了四代便亡国，故而史书记载“孔甲乱夏，四世而陨”。

（二）商族的壮大

契曾辅佐大禹一起治水，建立了功勋，官至司徒，被分封在商（今河南商丘一带），并被赐姓子氏。商族开始兴起，

契因此成为商族的祖先。商族是在夏的东方、黄河下游发展起来的，属于东方部族之一。也因商是在东方，所以后来由渭水流域发展起来的周族，把商族归为“东夷族”之列。商“先公”时代活动区域已经相当广阔，成汤（约公元前 17 世纪）以前，商族的都城“自契至于成汤八迁”。八迁之地主要分布在今山东、河南、河北等地，最远达到渤海湾东北，

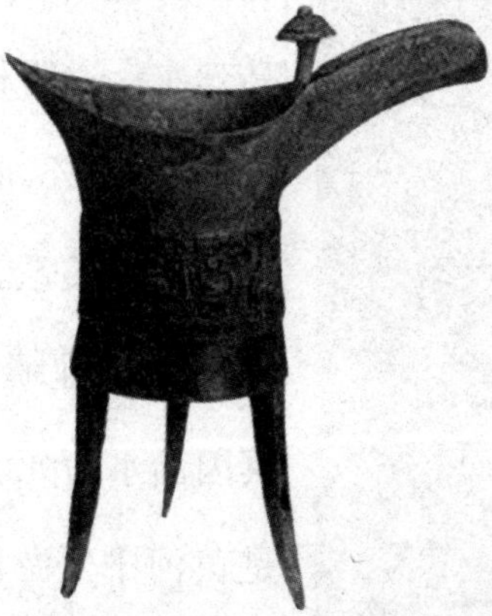

而以建都在商（今河南商丘）的时间最久。商族进入国家的状态并非始于商汤灭夏，而是有一个漫长的过程。其中最主要有四个人物：相土、冥、王亥和上甲微。

在先商的历史中，相土是赫赫有名的。相土是契之孙，昭明之子。相土时期，商的进步非常明显，把附近的许多部落都征服了。《诗·商颂·长发》说："相土烈烈，海外有截。"这是说相土时期商族的活动中心不仅仅限于商丘一带，其

势力或可达到了渤海湾以东地区。相土的一大业绩就是“作乘马”。乘马，即用马驾车，说明相土已驯服了马，这是划时代的进步。商代以车为战，与相土的发明不无关系。相土以下二世——昌若和曹圉,无业绩可查。到了曹圉之子冥时,冥因治水而死。当时商活动的中心地带是黄河中下游流域，经常泛滥的黄河，成了部落的大灾难，冥治水有功于本族，因而被列入重要的祀典之中。《国语·鲁语》说商人“郊冥”,《礼记·祭法》也说商人“郊冥”，郊祀是一种祭天之礼，这意味着将冥配祀上帝，可见在商人的心目中，冥具有何等重要的地位。冥与夏代国君少康同时，冥之子是王亥，其孙是上甲微，从冥经王亥到上甲微，是先商历史中重要的转变时期。这一时期一个最大的事件是王亥“宾于有易”而被杀。据《竹书纪年》记载：商族的首领王亥在夏时就以造牛车闻名，他驾着牛

车，载上货物，赶着牛羊，用帛和牛当货币，在部落间做买卖，由此可见，商部落的手工业和畜牧业是何等发达。一次，王亥驾着牛车，到有易去进行贸易。同行的还有其弟王恒和河伯。王亥与王恒一起侮辱了有易的妇女，有易的国君绵臣杀死王亥,夺取了牛车和货物。其后，王恒反击，并继承了其兄王亥之位。王亥子上甲微长大后，誓言为父报仇，假师于河伯攻伐有易，杀死有易的君主绵臣，上甲微威信大增，不久继位为商族的首领。

商自上甲微灭有易以后，势力逐渐发展壮大。农业和畜牧业取得了较大的发展，社会财富的增加，促使商族由氏族制过渡到奴隶制。为了向外发展势力，掠夺更多的奴隶和财物，在上甲微到主癸的六个商侯期间，曾两次迁徙，一次是迁到殷（今河南安阳小屯），一次是由殷又迁回商丘。到了主癸时，商已是一个具有国王权力的大国诸侯了。又历经报乙、报丙、报丁、示壬、示癸，到了成汤时期，商族又经历了一个重要的转变，即在这一时期，成汤通过战争征伐和宗教祭祀这两个重要的手段，使原本处于雏形或萌芽状态的王权获得了长足的发展，君王可以调动国内人口出征，为后来征伐夏桀提供了可能。

主癸死后，他的儿子汤继位为商侯。汤又名履，古书中说“汤有七名”，见于

记载的有汤、成汤、武汤、商汤、天乙、天乙汤。甲骨文中称做唐、成、大乙、天乙。金文和周原甲骨文中称作成唐。天乙、大乙、高祖乙是商族的后人祭祀汤时所称的庙号。在古书中还被尊称为武王。商汤继主癸做诸侯时，正是夏桀暴虐无道、残害人民、侵夺诸侯、天怒人怨的时候，汤就选择了这个有利时机，开始了灭夏的筹备。

（三）夏桀的残暴统治

夏桀继位后不思改革，骄奢淫逸，挥霍无度。夏桀又名癸、履癸，桀是商汤给他的谥号(凶猛的意思)。桀是夏朝第十六代君主发的儿子，生卒年不详，在位 54 年(公元前 1653—公元前 1600)。夏王发在位时，王室不理政事，

阶级矛盾日趋尖锐，外患不断，各方诸侯已经不来朝贺了，夏朝呈现出衰落之势。桀继位时，延续了四百多年的夏朝，更是德政衰败，民不聊生，危机四伏。面对这些，夏桀不思改革，而是骄奢自恣，穷兵黩武，大兴土木，沉湎酒色。夏桀是历史上一个有名的暴君，此人长相粗野无比，力大超人，胸无点墨，可就是这样一个人当上了夏朝的君主。桀整天

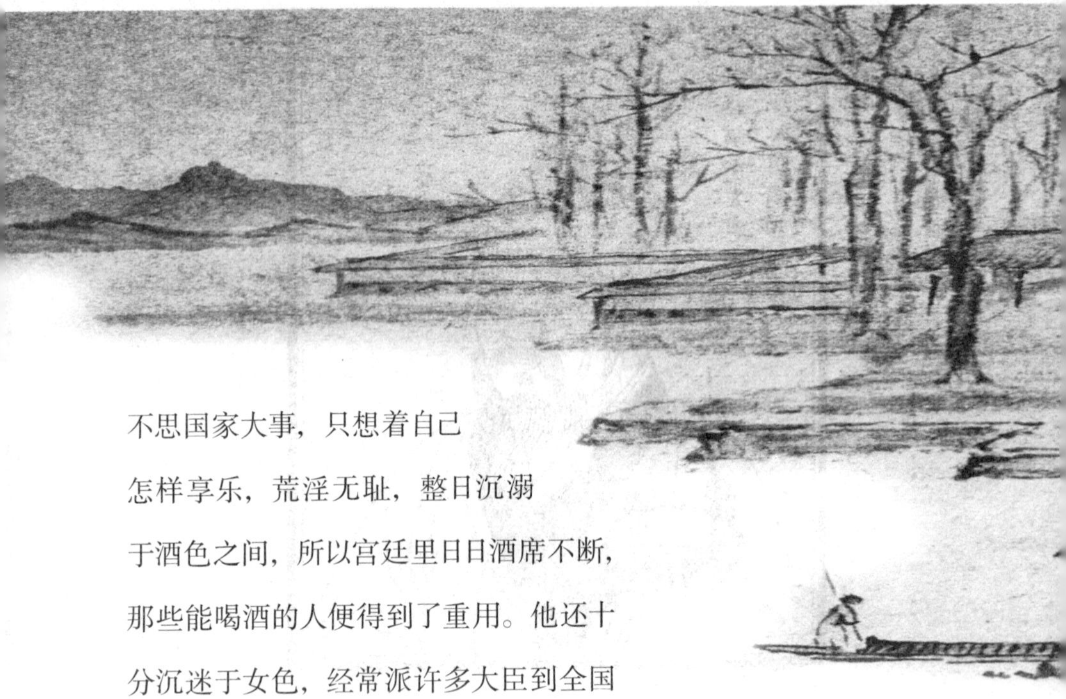

不思国家大事，只想着自己怎样享乐，荒淫无耻，整日沉溺于酒色之间，所以宫廷里日日酒席不断，那些能喝酒的人便得到了重用。他还十分沉迷于女色，经常派许多大臣到全国征选美女，这些美女都被为他一人所用。诸侯们也了解他的嗜好，常常献些美女给他，如此一来，桀就会对他们封官许愿。那些周围的小国自知不是夏的对手，便常常用美女来贿赂夏桀以求自保。

相传，有一次夏桀攻打有施国，有施国根本无力抵抗，眼看城池就要被攻下了，这时，有施国中的一个大臣向国王提出一个建议，给夏桀选送一名美女，

也许可以让其自

动退兵。有施国王听从他的建议，将国

中最漂亮的妹喜献给夏桀，夏桀一见妹

喜是位绝代佳人，喜出望外，当即就带

着妹喜回宫，把打仗的事忘到九霄云外

了。夏桀罢兵而归，终日与妺喜厮守一起，寸步不离，从此不再理政。有施国以一美女而保了平安。桀自得到妺喜之后，对她百般宠爱，让国内最优秀的工匠，为她修建一座宫殿，这座宫殿是当时京城的最高建筑，高耸入云，似乎要倒下一般，因此人们就给它起了个名字，叫倾宫。倾宫的内部装潢更是华丽无比，用白玉雕成楼栏，以锦绣铺地，用象牙镶嵌在宫殿的走廊里……这座倾宫修了

七年才完工，动用了成千上万的奴隶，花费了大量的财力物力和人力。夏桀终日在倾宫看歌舞、饮酒，和妹喜嬉戏游乐，大臣们要进宫报告事情的，也一律被挡在宫外不准入内。

夏桀甚至突发奇想，在倾宫的边上挖上一条河，河里全部注满了酒，他把这叫做酒池，在酒池旁边垒了一座山，此山可不是平常的山石堆砌成的，它是完全由肉堆积而成的，他又叫这座山为肉山。他和妹喜两人驾着小船，荡漾在酒池之中，欣赏两边的肉山酒色，倾听周围的丝竹管弦，自以为乐胜天仙。但是宫廷之外老百姓却挣扎在水深火热中，夏桀夺走了他们的口中食，掠走了他们身上衣，无数的财富都填进了这个贪婪残暴君主的欲望之口，而这个暴君杀人如儿戏，老百姓又是敢怒而不敢言。桀还重用佞臣，残害忠良。有个名叫赵梁的小人，专门投其所好，教桀如何享乐，如何勒索、残害百姓，得到了桀的宠信。人民的生活十分困苦，平日难得温

饱，一旦遇到天灾便妻离子散。大臣忠谏,他因而杀之。桀继位后的第三十七年，东方商部落的首领汤将一个德才兼备的贤人伊尹引见给桀。伊尹以尧、舜的仁政来劝说桀，希望桀体谅百姓的疾苦，用心治理天下。桀听不进去，伊尹只得离去。到了晚年，桀更加荒淫无度，竟命人造了一个大池，称为夜宫，他带着一大群男女杂处在池内，一个月不上朝。太史令终古哭着进谏，桀反而很不耐烦，斥责终古多管闲事，终古知夏桀已不可救药，就投奔了商汤。夏桀手下有个叫关龙逄的臣子，听到老百姓的愤恨，便对桀进谏说：“天子谦恭而讲究信义，节俭又爱护贤才，天下才能安定，王朝才能稳固。当今陛下奢侈无度，嗜杀成性，弄得百姓都盼望你早些倒台。陛下已经失去了民心，只有赶快改正过错，才能挽回人心。”桀听了又怒骂关龙逄，最后更下令将他杀死。百姓实在无路可走，指着太阳咒骂夏桀说："你这个可恶的太阳，你什么时候灭亡，我情愿与你同归于尽。"夏桀认为他的统治永远不会灭亡，他说："天上有太阳，正像我有百姓一样，太阳会灭亡吗？太阳灭亡，我才会灭亡。"他还召集所属各部首领开会，准备发动

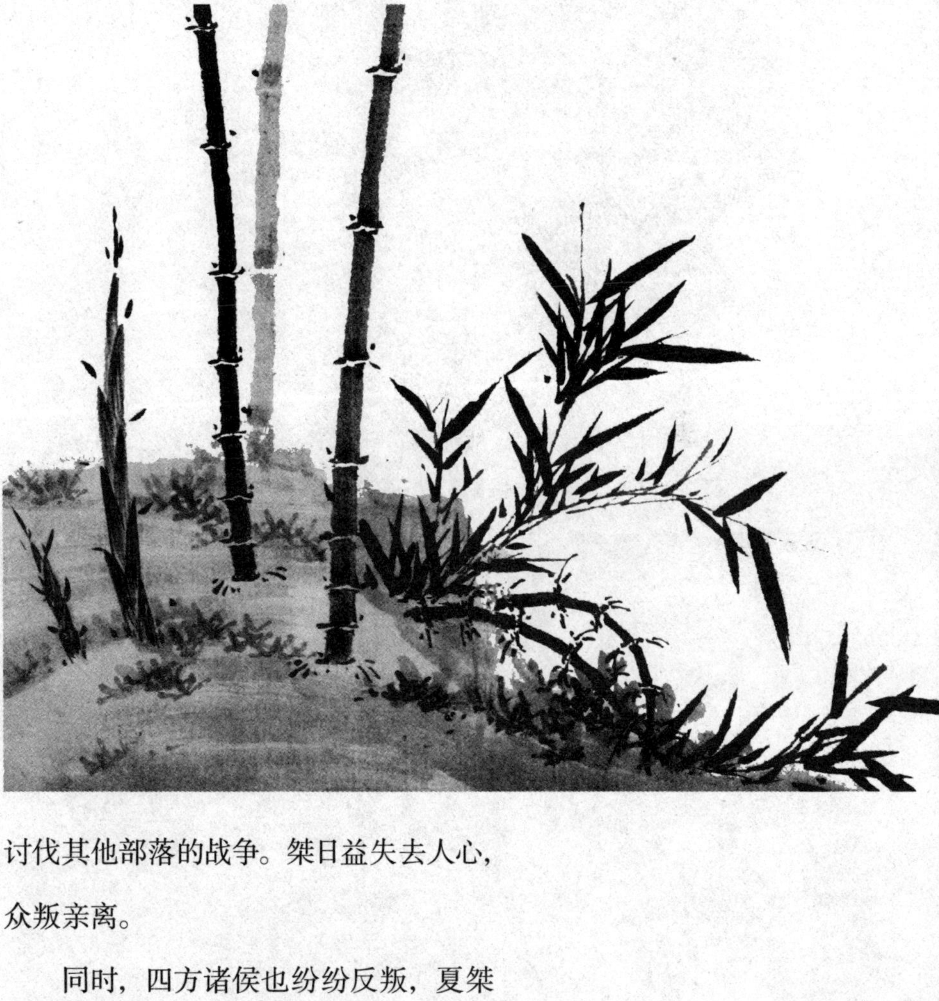

讨伐其他部落的战争。桀日益失去人心，众叛亲离。

同时，四方诸侯也纷纷反叛，夏桀陷入内外交困的孤立境地。夏统治集团内部也分崩离析，矛盾重重。东方的商部族领袖商汤意识到，伐桀的时机已经成熟了。

三、商汤灭夏的经过

（一）礼贤下士 积蓄力量

汤在经营商部过程中，十分注重任用德才兼备的人，礼贤下士，宽以待人。因此，汤的身边聚集了一批有学识、有远见的人。其中，左相仲虺和右相伊尹就是最有代表性的两个。在商汤灭夏桀和建立商王朝的过程中，左相仲虺和右相伊尹起了重要的作用。这是两个身世和经历完全不同的人。仲虺是个奴隶主，自他先祖起就世代在夏王朝做官。伊尹是个奴隶，从他少年时代起就过着流浪生活，长大后成为厨师。他们都很有才干，看见夏桀的暴虐、残害人民、不关心生产、只知淫乐，以致引起了人民的咒骂、诸

侯的叛离，深知夏王朝的灭亡已为时不远。他们认为要想解救人民的痛苦，只有扶持一个有力的诸侯，推翻夏桀的统治才能办得到。他们发现商的势力是东方地区诸侯国中是最强大的，认为商汤是一个理想的诸侯，于是先后通过不同的途径来到了商汤身边。汤也是个识才之君，任用了二人为左右相，委以灭夏的重任。仲虺和伊尹也就全力协助汤灭了夏桀，又协助汤建立起了商王朝。

仲虺，又名中垒，是奚仲的第十二世孙，是继奚仲之后又一位杰出的薛国国君。他辅佐成汤灭夏，建立商王朝，成为一代名相。仲虺 24 岁继承薛国国君之位。他是一位极具才华与政治远见

的人物，居薛期间，仲虺发扬先祖的优良传统，带领薛地民众着力改进生产工具，号召人们在各个村落的低洼地带打井取水发展农业，他还倡导人们饲养牲畜，大力发展畜牧业。他设立农官，教人民用庄稼的秸秆饲养牲畜，用牲畜的粪便作为肥料来提高土地的肥力。仲虺还重视手工业的发展，当时铜器制造业、手工艺品制造业、皮革、酿酒、养蚕、织帛等都有一定的发展。在仲虺的带领下，薛国成为一个经济较为发达、实力较为强大的诸侯国。而此时的夏王朝已是江河日下，众叛亲离。仲虺高瞻远瞩，欣然加入商汤灭夏的行列中，他从薛带了族人来到了商。

汤也早就听说仲虺是个有才干的人，正想前去相请，可是又有所顾虑，仲虺的祖辈们都是夏王朝的臣子，恐仲虺不愿归商助他灭夏。没有料到夏桀自诛灭了有缗氏以后，引起了各地一些诸侯的不满，不仅是与夏异姓的诸侯，就是与夏后氏同姓的诸侯也反目成仇，仲虺就是在这种形势下来到了商。汤见到仲虺后非常高兴，向仲旭请教治国之道。仲虺根据当时天下的形势，分析夏桀如此下去，必然会自取灭亡，商将成为人心

所向。他鼓励商汤蓄集力量，先伐与商为敌的诸侯，削弱夏桀的势力，然后灭夏建商。汤见仲虺是有用的人才，就任命其为左相，参与国政。

按照既定方针，商汤先后灭掉了葛、韦、顾、昆吾等国，对夏王朝展开了大规模的进攻，又连续攻灭了韦、顾、昆吾等国，取得了一个又一个的胜利。商汤灭夏，回师亳邑。诸侯都来朝贺，表示臣服。商汤随之在景亳（今山东省曹县）正式建立了商王朝。

商王朝建立后，夏朝的残余势力仍然比较强大，社会的不稳定因素很多。商汤本人也深感自己以臣伐君，靠武力夺取天下，恐将来有人效仿自己而犯上作乱。仲虺作为商汤的重臣此时负起了应有的重任，他为了减少商王朝发展的阻力，安定人心以维护社会秩序的稳定，保持商王朝社会的长治久安，便以著名的《仲虺之诰》诏告天下。在诏告中，仲

虺指出夏桀腐败的一生以及夏朝灭亡的主要原因，并扼要地记述了商汤的优秀品德和成功的主要原因，确立了商朝的施政方针，为商朝以后的发展指明了方向；同时还恳切地告诫汤以及汤的子孙后代，应该如何立身、主政、用人等等。这对商王朝来说，具有深远的影响。成汤悉心采纳仲虺的意见，十分注重夏王朝覆灭的教训，“殷鉴不远，在夏后之世”。

成汤任人唯贤的结果，换来了商王朝的强盛。而仲虺和伊尹等贤臣的历史功绩也流传千古。作为商汤一代政治家，仲虺拥有自己的政治主张是其能够成就伟业的重要原因。《仲虺之诰》便是其政治主张的重要体现。《墨子·非命上》也有载："仲虺之告曰：我闻于有夏，人矫天命，布命于下，帝伐之恶，龚丧厥师。"《左传·襄公三十年》："《仲虺之志》云：'乱者取之，亡者侮之'。"仲虺政治主张的核心是时刻提醒商汤注意吸取夏桀"暴其民意"以致亡国的教训，采取"以宽民"的经济政策。商汤接受仲虺等的建议，在位期间广施仁政，深得民心，很快就

发展了经济，出现了繁荣景象。成汤论功行赏，把仲虺重新封于薛，薛国便成为商王朝在东方的一个重要诸侯国。仲虺晚年由商朝都城回到封国。仲虺死后葬在先祖奚仲墓旁边，后人称为虺骨堆。

商汤灭夏，右相伊尹功不可没。在商朝历史上，伊尹的地位仅次于殷先公和商王，他的功绩一直被后人称颂。商

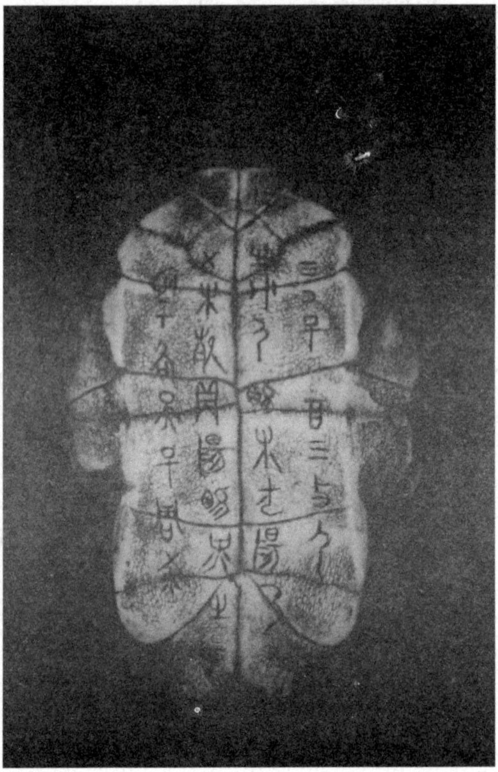

汤和伊尹是中国历史上第一对圣君名相。伊尹，在甲骨文中又称伊，金文中称为“伊小臣”，小臣是指伊尹的身份和地位，不是名字。伊尹原名伊挚，尹是官名。有的古书中还说伊尹名阿衡（又称保衡），是不对的。阿衡是官名，商代称当权的大官为阿衡。伊尹作了商汤的右相，执掌商的大权，故称为阿衡。相传伊尹是出生在伊水边（有说在今河南伊川），长大后流落到有莘氏（一说在河南开封县陈留镇，一说在今山东曹县北）。有莘氏姓姒，是夏禹后裔建立的一个诸侯国。伊尹到了有莘氏以后，在郊外耕种田地以自食。他是一个有抱负的人，虽然身处在田亩中，还是时时关心着政治形势的变化。他想找到一个有作为的诸侯，消灭夏桀。他听说有莘国君是一个贤良的诸侯，对平民和奴隶不像夏桀那样暴虐，就想去劝其出兵。但他觉得不能贸

然去接近有莘国君，于是就说自荐会烹饪,愿为有莘国君效力。按照当时的制度，只有做了有莘氏的奴隶，才能为有莘国君所用。伊尹自愿沦为奴隶，来到有莘国君身边当上了一名厨师。不久有莘国君发现他很有才干，就升他为管理膳食的小头目。他本想劝说有莘国君起来灭夏，但是一来有莘是个小国，二来有莘氏是和夏桀同姓，都是夏禹之后，因而暂时还不便劝说。

伊尹在有莘国做管理膳食的小头目过程中，商与有莘氏经常往来。伊尹见汤是一个有德行、有作为的人，就想去投奔商。可是身为奴隶，自己没有行动的自由，即使是偷跑出去也会被抓回来，轻则处罚，重则处死。而此时，夏桀的暴政引起周边部落反叛，商汤最适合取

而代之。胸怀大志的商汤，求贤若渴，他派人到处调查，寻访名人，发现伊尹是一个德才兼备的人才。商汤派使者到有莘氏部落希望求得伊尹到商，结果遭到拒绝。商汤几经考虑，最终决定娶有莘氏的女儿为妻，附带条件就是要伊尹做陪嫁奴隶。有莘氏为了攀得这门亲事，忍痛割爱，派伊尹为“媵臣”跟随有莘女嫁到商。所以古书中称伊尹为“有莘氏媵臣”（《史记·殷本纪》）。“媵臣”就是陪嫁奴隶，这与商代以后的诸侯嫁女，

派大夫陪送所称的“媵臣”不同。到了商后，汤为更好地观察、考验伊尹的才能，依然让他在厨房做事，伊尹每天精心烹调美味佳肴，并亲自送到汤的餐桌上。他利用每天侍奉汤进食、给商汤送饭菜的机会，和商汤分析天下形势，历数夏桀的暴虐，劝汤蓄积力量灭夏桀，并提出灭夏计划，汤发现伊尹的想法正符合自己的主张，是一个有才干的人。因此伊尹得到商汤的信任，被破格免去奴隶的身份，被任命为“尹”，相当于右丞相。自此，伊挚被称为“伊尹”。左相仲虺也

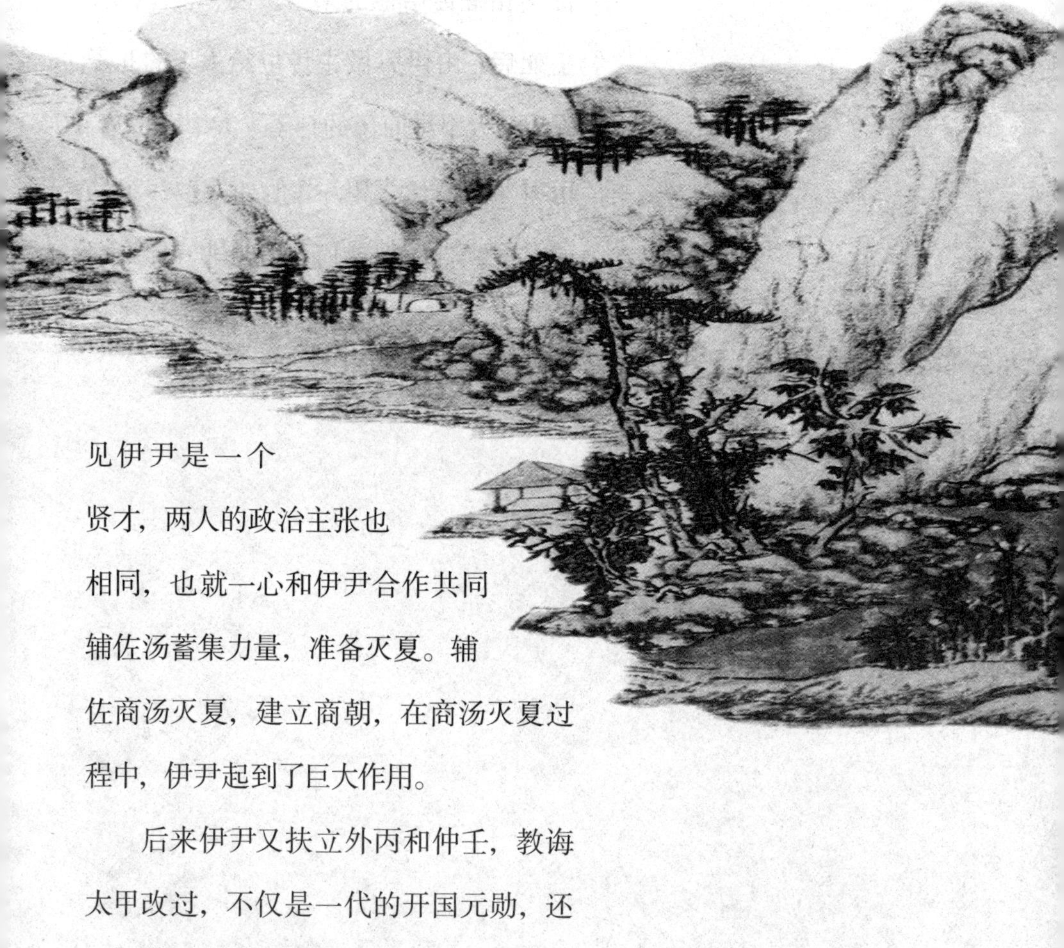

见伊尹是一个贤才，两人的政治主张也相同，也就一心和伊尹合作共同辅佐汤蓄集力量，准备灭夏。辅佐商汤灭夏，建立商朝，在商汤灭夏过程中，伊尹起到了巨大作用。

后来伊尹又扶立外丙和仲壬，教诲太甲改过，不仅是一代的开国元勋，还是三代功臣。商朝建立后，伊尹又协助汤制定了各种典章制度，为政局的迅速稳定、经济的恢复和发展奠定了坚实的基础。商汤建商后三十年死去，王位传给他的长子太丁，太丁不久也死去，王位又相继传给他的弟弟外丙、仲壬，仲壬死后，由伊尹做主传位给太丁的儿子太甲。太甲是商汤的孙子。太甲即位后，伊尹写文章给太甲，教他如何做一个好的君主。告诉他如何分清是非，什么样

的事情该做什么样的事情不该做，都说得很清楚。另外，他还教育太甲按照祖先的规矩办事，不能乱来。太甲读了伊尹的文章，开始还认真照着去做，但过了两年，他就忘乎所以，为所欲为，不再把伊尹放在眼里。他完全破坏了祖先的法律，残暴地统治人民。太甲的转变让伊尹很气愤，便再三规劝，提醒他注意自己的行为，但太甲不予理会。伊尹就把太甲赶下台，并放逐到商汤的墓地桐宫（今天河南偃师市）。太甲被放逐期间，由伊尹代管国家大事。太甲被放逐到祖父墓地，每天看着商汤的坟墓——虽然是开国君主，商汤的墓地却很朴素。守墓人听说太甲因为不守祖训被流放到这里，就每天给他讲商汤创业的故事，教育太甲要像祖父一样。太甲深受感动，以祖父商汤为镜，反省自己的行为，终于认识到自己的错误。他先在桐宫附近从一点一滴做起。三年过去，伊尹通过

太甲在桐宫的所作所为，确信太甲已经可以成为一个有为的君主了，就亲自带领文武大臣接回太甲，把政权交给他。太甲吸取教训，遵守祖训，按章办事，把国家治理得井井有条，商朝从此开始繁荣起来。

因为伊尹在商朝建立和发展过程中的丰功伟绩，后人将伊尹列为历史名相之首，有时甚至把他与商汤同样对待，得到了后代商王隆重的祭祀。在甲骨文中，伊尹是列为“旧老臣”的第一位，卜辞中有“侑伊尹五示”的记载，就是侑祭以伊尹为首的五位老臣。还有“十立伊又九”的记载，就是祭祀伊尹和其他九个老臣。卜辞中除了合祭旧老臣是以伊尹为首外，伊尹还单独享祀，或与先王大乙（汤）同祭。

商汤有了仲虺和伊尹的辅佐，首先是治理好内部，鼓励商统治区的人民安心农耕，饲养牲畜。同时团结与商友善的诸侯、方国。在仲虺和伊尹的鼓励下，一些诸侯陆续叛夏而归顺商。汤经常率领仲虺和伊尹出外巡视四周的农耕、畜牧。有一次汤走到郊外山林中，看见在一个树木茂盛的林子里，一个农夫正在张挂捕捉飞鸟的网，东南西北四面都要进行张挂。待网挂好后，这个农夫对天

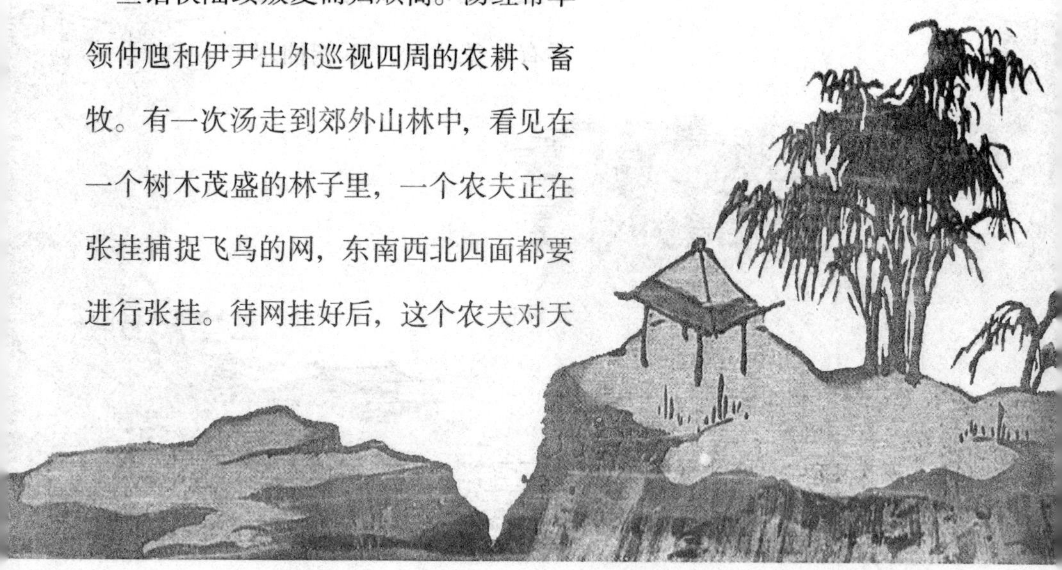

拜了几拜，然后跪在地上祷告说：“求上天保佑，网已挂好，愿天上飞下来的，地下跑出来的，从四方来的鸟兽都进入我的网中来。”汤听见了以后，非常感慨说：“只有夏桀才能如此网尽矣！要是如此张网，就会完全都捉尽啊！这样做实在太残忍了。”就叫人把张挂的网撤掉三面，只留下一面。商汤也跪下去对网祷告说：“天上飞的，地下走的，想往左跑的，就往左飞，想往右跑的，就往右飞，不听话的，就向网里钻吧！”说完起身对农夫和随从们说，对待禽兽也要有仁德之心，不能捕尽

捉绝；不听天命的，毕竟是少数，我们要捕捉的就是那些不听天命的。仲虺和伊尹听了以后，都称颂说："真是一个有德之君。"那个农夫也深受感动，就照汤的做法，收去三面的网，只留下一面。这就是流传到后世的"网开一面"的成语故事。商汤"网开一面"的故事在诸侯中很快就传扬开了。诸侯闻之，曰："汤德至矣，及禽兽。"大家都认为汤是有德之君，可以信赖，归商的诸侯很快地就增加到四十个，商汤的势力也愈来愈壮大。

（二）争取诸侯 减少阻力

商族从始祖契开始，到汤的时候已经将居住地方迁了八次。汤为了准备灭夏，首先将居住地方从商丘迁到商族祖先帝喾曾居住过的亳（亳在现在什么地方，有两种说法，一种认为是南亳，在今河南商丘北面；另一种认为是北亳，在今山东曹县）。就在这里积蓄粮草、招集人马、训练军队。本来商曾被夏王朝授予“得专征伐”的大权，即征伐谁可以不经夏王的批准而有权出兵。但是

汤准备征伐的并不是一般的侯，而是统治全国的夏王朝。他为了削弱夏王朝的势力，排除灭夏的障碍，争取更多的诸侯反夏，首先就从商的邻国葛开始了。葛(今河南宁陵北)是亳西面的一个诸侯国，在夏王朝所属的诸侯国中并不算大。葛伯是一个忠实于夏桀的奴隶主，是夏桀在东方地区诸侯国中的一个耳目。汤恐葛伯妨碍他灭夏，将他的活动报告结夏桀，就想争取葛伯不再为夏桀效力，助商灭夏。但是葛伯是一个好吃懒做的人，就连在古代社会中被视作国家大事的祭祀天地神鬼都不愿执行了。汤得知葛伯已有很长时间没有举行过祭祀，就派了使者前去询问原因。葛伯很狡猾，深知商的畜牧发达，有大量的牛羊，就说："我们不是不懂得祭祀的重要，只是每次祭祀都要用许多牛羊，我们现在没有牛羊，拿什么祭祀呢？"商使便将这种情况汇报给了汤。

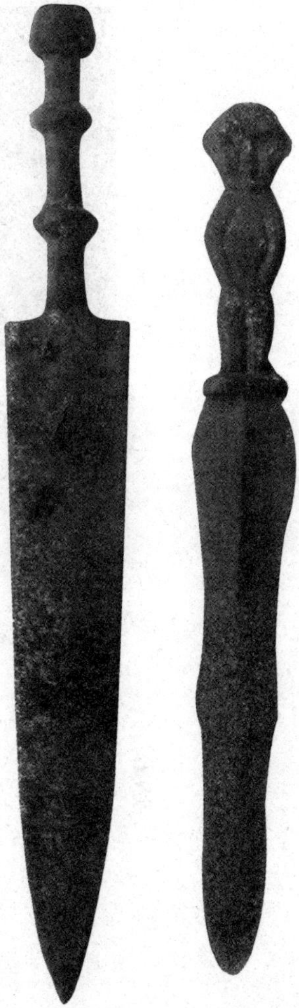

商族几乎每天都有各种不同形式的祭祀，每次祭祀都要用牛羊来作牺牲。古代的牺牲是指用家畜来作祭祀的贡品。用纯色的家畜，如牛、羊、犬、猪等叫做牺，用整体家畜叫做牲，纯色整体的家畜作祭祀时的贡品叫做牺牲。汤听使者回报说葛伯之所以不举行祭祀是没有牺牲，就派人挑选了一群肥大的牛羊给葛伯送去。葛伯见商汤居然相信了他的谎言，自己得到了不少牛羊，就将牛羊全部杀来吃了，仍然不祭祀。汤得知葛伯又没有祭祀，汤再次派使者至葛询问为什么不祭祀，葛伯又说："我们的田中种不出粮食来，没有酒饭来作贡品，当然就举行不了祭祀。"汤得知葛伯是不关心人民生产，只知享乐的人，就派亳地的人前往葛地去帮助种庄稼。葛国人民在葛伯这个昏君的统治下，生活非常痛苦，衣食都不能自足，当然更不能为亳人提供饭食。汤派商边境的人往葛地送去酒饭，给帮助耕种的亳人吃，送酒饭

的人都是些妇孺。葛伯就每次派人在葛地等候送酒板的人来后，将酒饭抢走，还威胁说不给就要被杀死。有一次，一个孩子去送酒肉，因反抗抢劫，竟被葛伯的人杀死。汤见葛伯是死心踏地地与商为敌，遂感不能再用帮助的办法来争取他的支持，就率兵到葛去把葛伯杀了。因为葛伯不仁，葛国人民早就心生怨恨，见汤杀了葛伯，都表示愿意归顺商。汤将葛的土地、人民、财物全部占有，组织葛的人民从事农耕，发展生产。

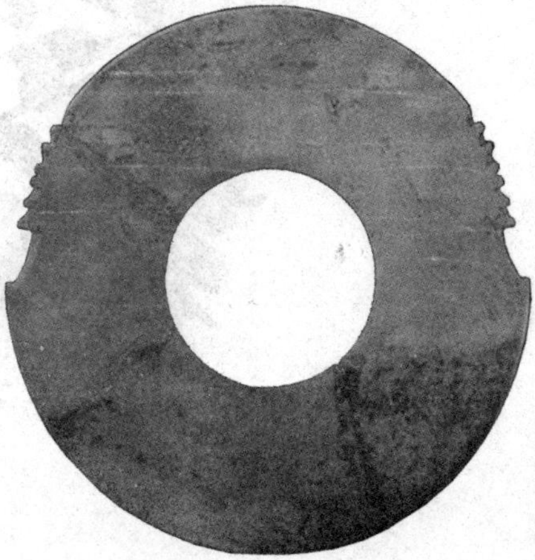

汤灭葛的行动，在诸侯中不但没有人反对，还指责葛伯的不仁，被杀是咎由自取。这样，商汤从伐葛国开始，逐步剪除夏的羽翼，削弱夏桀的势力。有的诸侯、方国的人民怨恨夏桀的暴虐，还盼望商汤前去征伐，愿意从夏王朝统治下解脱出来归顺商汤。还有一些诸侯、方国就自愿归顺汤，汤对归顺的诸侯、方国都分别授以玉珠作冕冠的玉串和玉圭。另有个别诸侯，如东边的莒伯侯，不敬祖先和神灵，肆意杀害务耕的百姓及过往的商人，做恶多端、罪孽深重。商汤就发兵征伐，灭了莒伯侯，还一方安宁。由此可见，商显然已经是居于一个诸侯盟主的地位，行使国王的权力，所以有“十一征而天下无敌”之说。

（三）深入夏都 知己知彼

约公元前 17 世纪，夏桀荒淫无度，

残暴异常，百姓怨声载道，诸侯也时有反叛。一次，夏桀为炫耀权力，命诸侯在有仍氏国(今山东济宁东南)盟会。其中有缗氏是夏朝东部较大的诸侯国，一向不满夏桀的残暴统治。其国君于盟会中途，愤然归国。于是，夏桀便征调大批军队进攻有缗氏(今山东金乡东北)，将其击败。夏军也遭受重大损失。有缗氏国君被迫献出琬、琰两名美女向夏求和。夏桀灭有缗之后，统治阶级内部的矛盾更加激化。为了观察夏王朝的情况，伊尹向汤献计，由他亲自去夏王都住上一段时间，观察夏的动静。汤就准备了方物（土特产）、贡品，派伊尹为使臣去夏王都朝贡。伊尹带着随从、驾着马车、驮着方物、贡品来到夏王都。但是夏桀不在王都理朝，而是在河南的离宫倾宫寻欢作乐，伊尹只得又前往倾宫来朝见夏桀。夏桀见了伊尹后，只问了问商侯为什么要灭掉葛国，伊尹回答说："葛伯

不举行祭祀，商侯送给他牛羊他也不祭祀，又派亳人帮助他耕种，他不但不感激，反而杀了送饭的人。商侯见他是大王的诸侯，却如此不仁，有损大王之威，才将他诛杀。”夏桀只得点了点头，不再说什么。伊尹又奏道：“商侯派臣下前来贡职，不知大王有何差遣。”夏桀不在意地说：“你先回王都住下吧！有事时再传你。”就这样，伊尹在夏王都一住三年，而夏桀整天只知饮酒作乐，把朝政弃之不理。

伊尹将夏桀及王朝的情况观察清楚之后，就回到了商，向汤献计说：“夏自禹建国以来，已经历四百多年，夏王是天下尊崇的共主。虽桀暴虐无道，民有怨恨，但在诸侯中仍有威信，故不能很快伐桀，只有等待时机再行动。”于是伊尹和仲虺商议后，向汤献了一策，即不能急于出兵伐桀，还要蓄积更大的力量，继续削弱拥护夏王朝的势力，等待时机。汤接受了伊尹的主张，开始积极准备、储备力量。

（四）商汤被囚

在夏王朝的诸侯、方国中，自夏桀灭有缗氏以后，虽然叛离者不少，但拥护夏王朝的也还不少，忠于夏桀的也不

是没有。在东部地区就有三个属国是忠于夏桀的：一个是彭姓的韦（今河南滑县东），一个是己姓的顾（今山东鄄城东北），一个也是己姓的昆吾（今河南濮阳境内，一说在河南新郑境内）。这三个夏属国的势力都不小，他们所处的地区又与商较近。汤灭葛以后，又征服了一些不归顺商的诸侯、方国，所谓"十一征而天下无敌"。但这三个方国执意以商为敌，他们监视着商汤的活动，还经常向夏桀报告。

汤和伊尹、仲虺决心除掉这三个夏桀的羽翼。而此时，夏桀知道诸侯王中有一个居然比自己贤良、而且深得各个诸侯的尊重的汤，担心他会危及自己的统治，于是派使臣至商召汤入朝。在一个统一的王朝中，天子召见诸侯是很平常的事，汤没有拒绝，带领随从来到夏王都。夏桀得知汤已来到，就下令将汤囚禁在夏台。（也就是钧台，在今河南禹县,这里是夏王朝设立的监狱。古书中说：“三王始有狱，夏曰夏台。”）

汤的大臣伊尹，见到汤王被囚，国内无君，心急如焚，因为伊尹了解夏桀昏庸无道，就想到一个办

法，派人在全国范围内搜集金银财宝，挑选美女，并派了一个巧舌如簧的使者到夏都去。使者到了夏都后，先用许多金银财宝买通了夏桀的一个佞臣赵梁，赵梁见钱眼开，马上就动心了，立刻答应引见。第二天赵梁就带着这个使者来到夏桀的面前，汤使先向梁呈献上一对美女，然后献上许多金银财宝，于是夏桀就把汤给放了。夏桀囚汤之事在诸侯、方国中引起了更大的恐慌和不满，“诸侯由是叛桀附汤，同日贡职者五百国”。这

一记载虽有些夸张，说同一天就有五百个诸侯到汤那里去任职，但是在当时“小邦林立”的情况下，因惧怕夏桀的暴虐，纷纷投商，愿助汤灭夏，或干脆就到商都供职，完全是可能的。所以夏桀囚汤不但没有达到惩罚的目的，反倒加速了其统治基础的瓦解，更加削弱了自己的势力。

（五）剪除羽翼 减少阻力

商汤回国后向群臣检讨自己，并以

自己在夏朝的所见所闻来鼓励大家坚定灭夏亡桀的信心与决心。他采纳了伊尹的建议，将商都西迁至亳城，表面上靠近夏都以便听从夏桀的派遣，实际上是为今后出兵伐夏缩短进军的距离。另外，商汤还就近对西方诸侯进行分化瓦解，削弱夏桀的势力。同时，他抓紧屯兵积粮并加强与东方诸侯国的紧密联络。为着手准备灭夏，商汤广泛召集人马，训练军队，准备粮草，打通各个诸侯国的关节，尽力形成一种共同伐桀的态势，

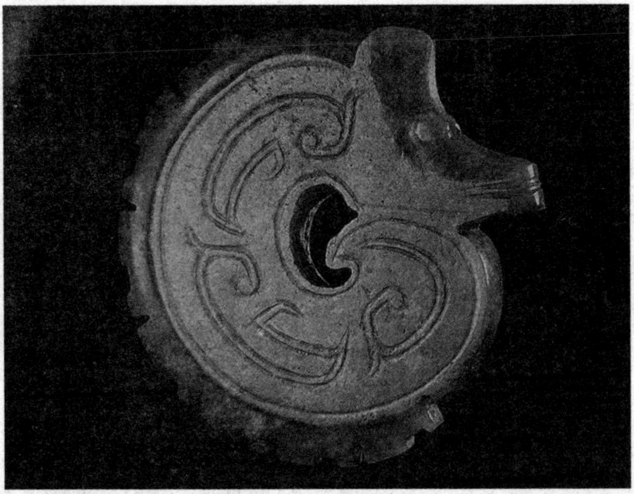

并且逐步树立自己威信。有一个小诸侯国对汤的建议不予理睬，甚至有些敌对，汤就先下手对付它，一方面杀一儆百，给这个小诸侯国一个下马威，另一方面也可以以此来检验一下自己的军事实力。

汤和伊尹、仲虺商议征伐韦和顾国的事。经过一番谋划和准备之后，汤和伊尹就率领着助商各方的联合军队，先对韦进攻。汤率大兵压境，韦连求援都来不及，很快就被商军灭亡。韦被灭，顾国势单，汤接着又挥师东进，乘胜也将顾国灭了。韦、顾二国的土地、财产、

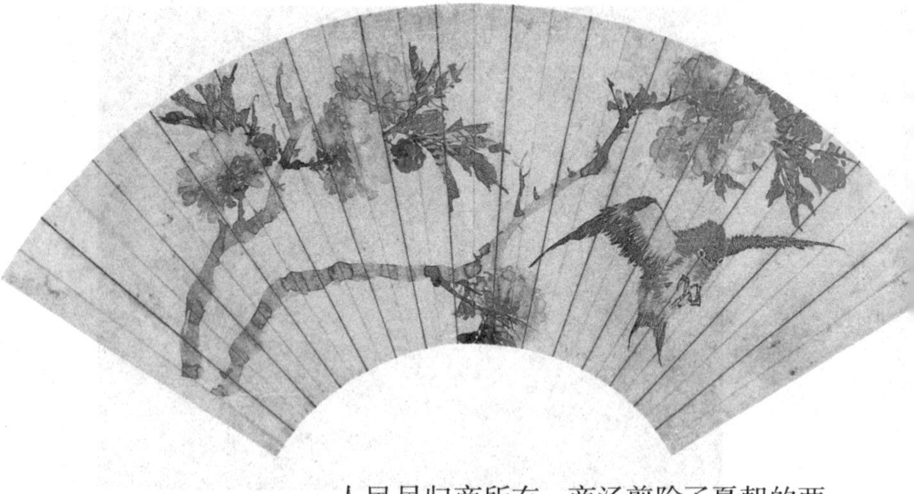

人民尽归商所有。商汤剪除了夏朝的两个羽翼，鼓舞了士气，为夺取灭夏战争的胜利创造了条件。

地处韦、顾二国北邻的昆吾国，相传是封在昆吾的祝融的后代所建的一个方国。它在夏王朝的属国中算是一个较大的方国，国君被称为“夏伯”，可见昆吾虽不是与夏后氏同姓，但关系是很密切的，夏伯见韦、顾二国被汤所灭，立即整顿昆吾之军准备与商交战，同时派使昼夜兼程赴夏王都，向夏桀报告商汤灭韦、顾二国的情况。夏桀非常恼怒，于是下令起“九夷之师”，准备征商。汤本想率军去灭昆吾，然后征东夷，进而灭夏桀。伊尹阻止了汤，并说：“东夷之民还服从桀的调遣，听夏的号令，此时去征伐不会取得胜利，灭夏时机尚未成熟，不如遣使向桀入贡请罪，臣服供职，以待机而动。”汤采纳了伊尹之谋，暂时收兵。备办了入贡方物，写了请罪称臣的奏章，派遣使臣带到夏王都，在倾宫中朝见了夏桀。夏桀见了贡物和请罪奏章以后，和身边的谀臣们商议，谀臣们就向桀祝贺说：“大王威震天下，谁也不敢反叛，连商侯也知罪认罪，可以不出

兵征伐，安享太平。”这样夏桀就下令罢兵，仍然整天饮酒作乐。商在相继灭亡夏属葛国、韦国和顾国之后，决心乘胜举兵西南，攻打昆吾氏国。昆吾是夏桀最亲近的盟国，也是东南方面的主要屏障，实力较强。为剪除夏朝最后一个重要羽翼，并随后立即攻打夏都，商汤亲率全国军队，在众诸侯国军队协同配合下，浩浩荡荡进攻昆吾国，一举攻杀了夏伯，昆吾灭亡，商将昆吾的土地和人口统统征服。此次作战，连同灭葛、韦、顾之战，商军四战四捷，扫清了灭夏道路上的障碍，在进攻夏都、灭亡夏朝的战争中起了重要作用。

（六）商汤灭夏

伊尹又出谋说：“今年本应向桀入贡，且先不入贡以观桀的动静。”汤用其谋不再向夏桀入贡。当夏桀得知商汤又灭了

昆吾、而不再入贡时，又下令“起九夷之师”。东夷的首领们也看出夏桀不会长久，就不听调遣。伊尹看见九夷之师不起，灭夏的时机成熟了，就建议汤率军征桀。

汤和仲虺、伊尹率领由七十辆战车和五千步卒组成的军队西进伐夏桀。夏桀调集了夏王朝的军队，开出王都。夏商两军在鸣条（今河南封丘东，或说在今山西城安邑镇北）之野相遇，展开了大会战。会战开始之前，汤为了鼓动士气，召集了参加会战的商军和前来助商伐夏的诸侯、方国的军队，宣读了一篇伐夏的誓词，汤说："你们大家听我说，并不是我随便地以臣伐君，犯上作乱。乃是由于夏王桀有许多罪恶，上天命我去诛伐他。你们大家都知道桀的罪在于他不顾我们稼穑之事，侵夺人民农事生产的成果，伤害了夏朝传统的政事。正如我听见大家所说的，桀之罪还不仅是和他的一些奸谀臣子侵夺人民的农事生产成果；为了淫逸享乐，他还聚敛诸侯的财物，供其任意挥霍。害得夏朝的人都不得安居。大家都不与桀一条心，还指着太阳来诅咒他早

日灭亡，大家都愿同他一起死，这已经是天怒人怨。桀的罪恶如此深重，上天命我征伐，我怕上天惩罚我，不敢不率领大家征伐他。大家辅助我征伐，如果上天要惩罚，由我一人去领受，而我将给大家很多的赏赐。你们不要不相信我的话，我决不食言。如果你们有不听我誓言的，我就要杀无赦，希望你们不要受罚。”这就是《尚书》中的《汤

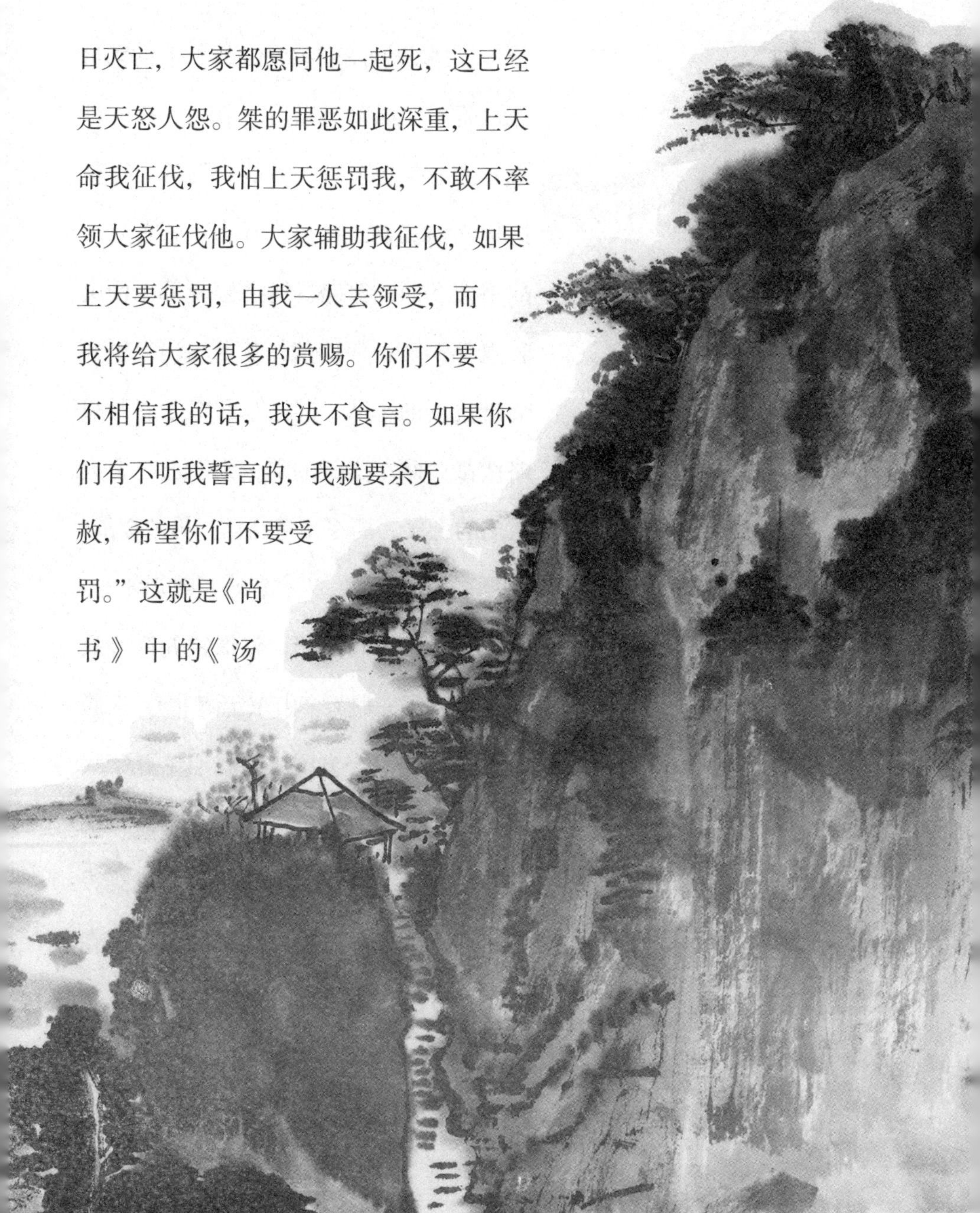

誓》，也就是汤在“鸣条会战”前的动员令。商军经汤动员以后，士气大振，都表示愿意与夏军决一死战。汤的大军就这样浩浩荡荡地向夏都开去。商军采取战略大迂回的策略，绕道至夏都以西突袭夏都，桀仓促应战，从西城出发，率部抵抗汤的军队，同汤军在鸣条展开战略决战，两军交战的那一天，正赶上大雷雨的天气，商军不避雷雨，勇敢奋战，而夏军士气低落，人有怨心，败退不止。夏桀见兵败不可收拾，就带领五百残兵向东逃到了三朡（今山东定陶北）。三朡是夏王朝的一个方国，三朡伯见夏桀兵败逃来，立即陈兵布阵以保夏桀，并扬言要与汤决一死战。汤和伊尹见夏桀投奔三朡，即挥师东进。商军和三朡军在成耳（今山东汶上北）交战，结果商军打败三朡军，杀了三朡伯，夺取了三朡伯的宝玉和财产。夏桀见三朡又被汤所灭，就带了那五百残部向南逃走。汤和桀的军队又在其地相遇，其地在今天河南封丘以东，此一战夏桀再次大败，他带着妹喜和金银财宝一起往南方逃去。汤乘胜攻打了附夏的一个小国，同样大获全胜。桀带着少数人一直逃到南巢，就是今天安徽巢湖以西这个地方。汤的大军也紧跟着追到那里，在南巢将其生擒活捉。汤没有立即把桀杀死，而是把他流放在南巢的亭山，夏桀被监禁在南巢后非常气愤，对看管他的人说："我很后悔，没有将汤在夏台杀掉，才落得如此下场。"商朝建立后的第三年，夏桀就在放逐地忧病而死。

汤和伊尹为了彻底消灭夏王朝的残余势力，又率军西进。因为韦、顾、昆吾和三朡这样一些较有势力而又忠于夏的方国都被商汤所灭，商军在西进的路上就未遇到大的抵抗，很快就占领了夏都斟（寻耳）。夏朝的亲贵大臣们都表示愿意臣服于汤。汤和伊尹安抚了夏朝的

臣民后，就在斟（寻耳）举行了祭天的仪式，向夏朝的臣民们表示他们是按上天的意志来诛伐有罪的桀，夏后氏的“历数”（帝王相继的世数）已终。这就正式宣告了夏王朝的灭亡。我国历史上第一个奴隶制王朝至此宣告结束。这一年大约是在公元前1750年—公元前1700年之间。商代后人歌颂他们开国之君商汤的功绩时说：“韦顾既伐，昆吾夏桀。”也就是说，汤是先征伐韦、顾两国，然后才灭了昆吾和夏桀。

汤和伊尹在夏王都告祭天地以后就率军回到了亳。这时商的声威已响彻四方，各地的诸侯、方伯以及大大小小的氏族、部落的酋长们纷纷携带方物、贡品到亳来朝贺，表示愿意臣服于汤。就连远居西方地区的氐人和羌人部落也都前来朝见。数月之间，就有“三千诸侯”大会于亳。

四百多年前夏禹建国时，在涂山大

会诸侯，“执玉帛者万国”。经过四百多年的发展，这些上万的“诸侯”经过兼并、融合，到汤建国时，只有“三千诸侯”。但是这时商汤统治的地域远比夏禹时大。汤对前来朝贺的诸侯皆以礼相待，汤自己也只居于诸侯之位，以示谦逊。“于是诸侯毕服，汤乃践天子位。”也就是在“三千诸侯”的拥护下，汤做了天子，告祭于天，宣告了商王朝的建立。

古书中把汤伐桀灭夏称做“汤武革命，顺乎天而应乎人”。“革”的本意是指皮革，兽皮去其毛而变更之意。“汤武革命”是说商汤变革夏王桀之命。“顺乎天”是商讲究迷信，凡做任何事都说是上天的意志，所以是顺天命。“应乎人”就是得人心的行动。商汤革命是我国奴隶社会中一个奴隶主的总代表取代另一个奴隶主总代表，虽革除了夏桀的暴虐，但仍然是奴隶主阶级的统治，所以后世人们又称之为“贵族革命”。我国历史上的第二个奴隶制王朝，也就是在商汤灭夏后建立起来的。商汤经过二十年的征伐战争，最后灭了夏王朝，统一了自夏朝末年以来纷乱的中原，控制了黄河中下游

地区，其势力所及，远远超过了夏王朝。所以商代的后人称颂说：“昔有成汤，自彼氐羌，莫敢不来享，莫敢不来王，曰商是常。”意思是说从前商汤的时候，连远在西方地区的氐人和羌人都不敢不来进贡和朝见，都说商汤是他们的君主。汤灭夏后奠定了商王朝疆域的基础。为了控制四方诸侯，防止夏遗民，尤其是夏后氏的奴隶主贵族的反抗，汤和伊尹决定将处于东方地区的亳放弃，把王都迁到距原夏王都斟（寻耳）相近的西亳。具体在西亳的什么地方，学者各说不一，多数学者认为在今河南偃师，也就是古书中所说的“尸乡”。

四、夏朝灭亡的原因

（一）昏君佞臣

有关夏王朝灭亡的主要原因，自古以来议论颇多。其中最为流行的说法有四种。第一种意见把夏亡主因归于“天命”，如《尚书·汤誓》云，“有夏多罪，天命殛之”；第二种意见认为夏朝灭亡，主要是自然灾害所致，如《国语·周语》云，“源塞，国必亡……昔伊、洛竭而夏

亡”；第三种意见则把夏王朝灭亡的主要原因归于某些重要人物的活动。或谓夏桀暴政，如《左传·宣公十三年》记载，“桀有昏德，鼎迁于商”；或谓妹喜作祟，如《史记·外戚列传》记载，“而桀之放也以末喜”，即是说，夏桀被流放是由于妹喜的缘故；或谓伊尹辅佐成汤，如叔夷钟铭文记载，“勿纂成唐(成汤)，伊少臣(伊尹)惟辅，咸有九州，处禹之绪”。这类观点看似有别，实际上都是英雄史观的变相反映。在英雄史观的支配下，古代史官不仅认为开国立业是英雄人物的功业，而且亡国败事也是由君臣、要人的活动所决定的。

（二）民众怠工

科学史观认为人民才是历史的创造者。因此，更应该注意到社会下层的平民的历史作用。同样，分析商汤代夏的原因，在侧重叙述夏桀暴政的同时，更要看到夏末民众的作用。《尚书·汤誓》中众人说的“时日曷丧，予及汝皆亡”，可译为：“群众愤怒地指着太阳说：‘夏桀，你哪天死啊？我们宁愿与你同归于尽！”但史书中并没有对相关夏朝民众反抗的实际行动的叙述和分析。夏代刚从民族社会过渡而来，民众的原始民主意识尚未完全销声匿迹。在夏桀之前，后界曾“因夏民以代夏政”；夏桀之后，商末众

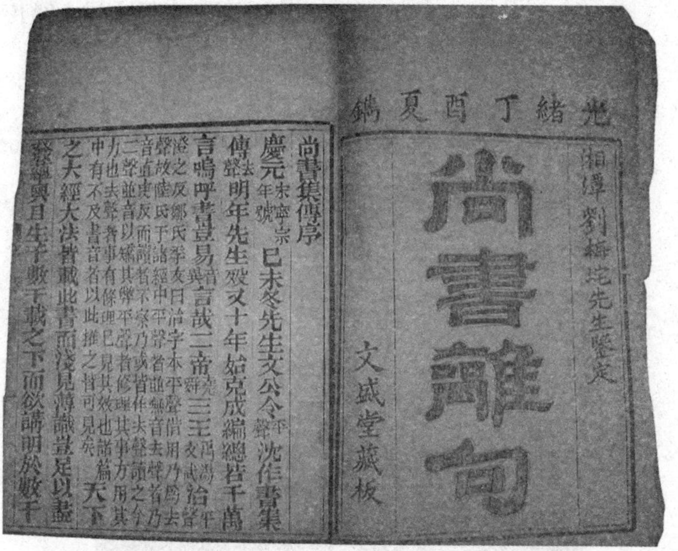
光緒丁酉夏鐫

湘潭劉梅圪先生鑒定

尚書離句

文盛堂藏板

尚書集傳序

慶元己未冬先生文公令沈作書集傳明年先生歿又十年始克成編總若干萬言嗚呼書豈易言哉二帝三王治天下之大經大法皆載此書而淺見薄識豈足以盡發蘊奧且生於數千載之下而欲講明於數千

人有牧野倒戈之举。从散见古书的一些零星记载看，夏末众人在夏亡过程中起到了异乎寻常的重要作用。《尚书》中的《汤誓》篇，是商众将与夏桀战于鸣条之野时成汤向商众发出的战斗动员令。在这篇著名的誓师辞中，成汤扼要陈述了夏朝众人反抗夏桀暴政的情形，其中有“有众率怠弗协”一语。关于这句话的意思，《伪孔传》解释说：“有众下相率为怠惰，不与上(指夏桀)和合。”此后有关著述多从其说。“有众”的“有”，是语气助词，此说源于王引之导《经传释词》；“有众”即《伪孔传》之“众下”，指夏代从事农业生产的劳动者。“率”，《史记·集

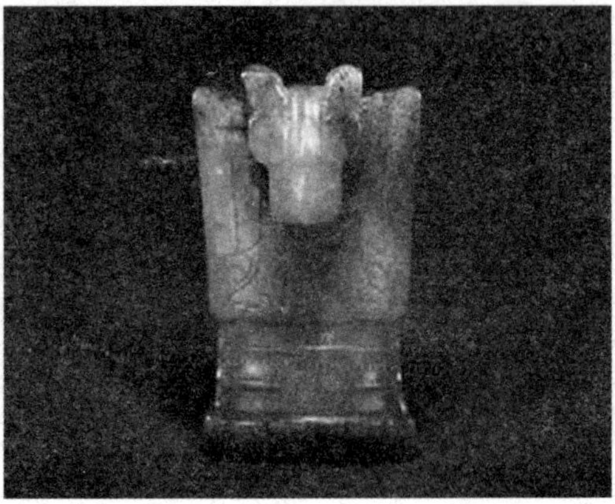

解》引汉代经师马融说，以“率”为“相率”，“怠”可以解释为“怠工”，这是夏代农人反抗夏桀暴政的形式之一。《汤誓》中的“弗协”也就是“不耕作”的意思。“有众率怠弗协”是说夏朝农人相率怠工，拒绝耕作。我们还可以在一些典籍中找到关于中国古代农人罢耕斗争的最早记载。据说对于商汤伐夏，“夏民大说(悦)”，以致“农不去畴”，“耕者不变”。夏朝将亡而夏民大悦，留而不迁，说明在夏桀统治下的那些众庶早已离畴罢耕了。夏末众庶的怠工罢耕，以及夏君臣的挥霍浪费，使得国家财政入不敷出，最后导致了夏王朝经济的崩溃。从史料看，夏末经济凋敝，民生涂炭，连王公贵族手头也拮据起来。正是夏朝众人相率“弗协”，造成夏王朝经济的崩溃，才为成汤灭夏提供了机会。

夏末“众人率怠弗协”，断绝了夏王朝的经济来源，削弱了它的力量，为商

汤灭夏创造了有利条件。因此，众人的这一举动对于调整社会生产关系、促进以后生产力的发展起了一定的作用，应给予充分的重视和肯定。不满夏末黑暗统治的还有商贾。在成汤灭夏过程中，据说“商不变肆”“归市者不止”，那些商贾纷纷停止逃亡，留在原地或重操旧业，一起迎接成汤革命的到来。这一记载虽然夸大了夏末商贾的数量和作用，但也绝非无稽之谈。从中可以推知，在夏桀统治的日子里，一定是“商者变肆”“离市者不止”，这使夏王朝的经济雪上加霜。

总之,夏末众人“率怠弗协”,以及商者“变肆”,是夏亡主因中的经济要素。

(三)众庶逃亡

逃亡是上古社会众庶反抗斗争的一种主要形式,殷墟卜辞有关“丧众”“丧众人”的记载告诉我们,殷商时代的众人已经采用这一形式。现在我们可以从

《尚书·汤誓》及其他史料中获知众人逃亡之事至少在夏末就发生了。农业生产者的大量逃亡，对夏王朝的政治、经济和军事无疑是沉重的打击。那些逃亡的夏众“归亳”，即投奔成汤以后，又怎样了呢？《墨子·非攻下》云：“汤奉莱众(夏众)，以克有夏。”可见，众人加入了成汤灭夏的行列。在夏桀统治下尚未逃亡的民众，急切地盼望成汤来解救自己，

《孟子·滕文公下》记载了商汤灭夏时的情形："(商汤)东面而征，西夷怨(埋怨)；南面而征，北狄怨，曰：'奚为后我(为什么不先攻打我们这儿)'？民之望之，若大旱之望雨也……《书》曰:'奚我后,后来其无罪。'(意思是说等待我们的成汤，他来了我们就不再受罪了)。"另外，有的史料还记载道，"汤伐夏……战于鸣条之野，桀未战而败绩"。"未接刃而桀走""战于鸣条，桀师不战，汤遂放桀"。正当商汤率众与夏桀决战时，夏民拒绝为夏桀作战，给了夏王朝致命的一击，为商汤灭夏开辟了道路。

总之，夏桀暴政、妹喜淫佚以及伊尹助汤等等，都是导致夏王朝灭亡的重要原因，但非主要原因。夏亡主因乃夏民尤其是众人面临夏桀的暴政没有沉默，在经济上，相继怠工，甚至拒绝耕作，导致了夏王朝经济的崩溃；在政治和军

事上，夏众纷纷逃亡，有的还参加了商汤灭夏的战斗。那些没有外逃的民众也拒绝对商汤作战，迎接商汤革命的到来。夏王朝是在夏民众和异族力量的合击下灭亡的，但两相比较，前者的打击力度更大，其作用也就相应更明显。

商汤是一位很有思想的新君。商汤灭夏以后，建都于亳，自称武王，并进一步营建其奴隶制大国。汤回到亳都做的第一件事，就是发布了一篇《汤诰》。他列举了大禹治水、后稷播种对人民有功而得到人民拥戴的事例，又列举了蚩尤、夏桀暴虐百姓被灭的教训，正反对比，警策人心。他要求各级官吏务必“勤力乃事”“有功于民”，否则就要受到严厉惩罚。商汤对夏王朝的遗臣贵族，采取了比较宽容的政策。有的被留在商朝做官，有的受封于外。只要他们肯于纳贡服役，不犯上作乱，就不去讨伐他们。商汤的这些宽容的做法，对于稳定中原、促进生产力的迅速恢复和发展、缓和夏夷两族的世代矛盾，都起到了重大作用。此后，商向黄河中上游地区发展，统治范围以今河南中部为中心，东至海，西至今陕西，北达今河北，南抵今湖北、湖南一带，堪称“邦畿千里”的奴隶制大国。

五、商汤灭夏建国的历史意义

（一）进一步完善奴隶制国家制度

商朝建立后，商王成为国家的最高统治者，占有全国的土地和臣民，对全国臣民操生杀予夺之权，拥有至高无上的权力。商王下面有重要的辅佐功臣，协助商王处理政务。商王朝的职官有中朝任职的内服官和被封于王畿以外的外服官之别。内服官中又分外廷政务官和内廷事务官。最高的政务官，是协助商王决策的“相”，又称“阿”“保”“尹”。王朝高级官吏统称卿士。三公，则是因人而设的一种尊贵职称、并不常设。另外有掌占卜、祭祀、记载的史；掌占卜的卜；掌祈祷鬼神的祝；掌记载和保管典籍的作册（又称守藏史、内史）；武官之长的师长；乐工之长的太师、少师。内廷事务

官是专为王室服务的官员，主要是总管的宰和亲信的臣。臣管理王室各项具体事务，有百工之长的司工，掌粮食收藏的啬，掌畜牧的牧正，掌狩猎的兽正，掌酒的酒正，掌王车的车正，为商王御车的服（又称仆、御），侍卫武官亚，卫士亚旅，掌教育贵族子弟的国老，掌外地籍田的畯老。外服官主要有方国首领的侯、伯，有为王朝服役的男、有守卫边境的卫，是中央控制地方的一种制度，侯、伯、男、卫四服，是地方向中央必须履行的几种服役制度，既是一种地方行政区划，又是一种经济剥削关系。在商王朝控制的

区域内，分布着许多邑，邑是商代社会的基层组织。商王朝还把其统治地区分为畿内和畿外两大部分。畿内是商王室直接统治的地区，畿外是众多方国分布的地区。为了对外征伐和对内镇压，商王朝建立了庞大的军队。国家还设有监狱和残酷的刑罚。商朝的政治理念是神权观念笼罩下的政治思想，商代统治者“尚鬼”“尊神”，所奉行的最高政治原则，就是依据上天鬼神的意志治理国家，并辅之以严酷的刑罚。

（二）促进了奴隶制经济的发展

商朝建立后，维持了一段时期的稳定局面，有利于社会生产的恢复和发展。商建立后，最重要的社会生产部门是农业，在农业生产中开始出现井田制。农业经济的主要生产方式是较大规模的奴隶集体劳动。自由民虽然人数不少，但由于受到土地、农具的限制，又可能随时被国家调遣与征发，并且无力抗拒自

然灾害的袭击，所以分散的、小规模的私田经营收获很少，生产力相当低下。石器和骨角器制作技术的提高，使农业生产工具种类和数量都显著增加了。这一时期，石器和骨角器制作技术的提高，使农业生产工具种类和数量都显著增加了。在此基础上，耕作技术也得到了逐步的改进。但商朝早期的耕作技术还比较粗放，处于耜耕农业的第一阶段，即一块土地连续耕种几年后便抛荒休耕了，等若干年后再重新种这块土地。如果一个地区的土地都已轮流耕种过，地力已出现耗竭的迹象，即需举行一定规模的迁徙。这种农业生产方式也是盘庚以前多次迁都的重要原因。从考古发现和甲骨文、金文的记述，商初期的粮食种类有了增加，已经出现粟（小米）、黍（黏黄米）、稷（黄米）、麦、稻等，此外还种植较多的桑、麻和一些瓜果蔬菜。粮食产量的增加，有可能带动酿酒量，这就使得从龙山文化时期出现的饮酒之风，成为商代奴隶主贵族追求的主要享乐。由于农业生产的收获直接关系到国家经济的发展和王室财富的盈亏，所以商

王和贵族集团都十分重视农业。甲骨文中经常记载着商王和宗室贵族为农业生产的各个环节而占卜、祈祷的活动。各代商王还多次亲自外出巡视，或传唤臣下督促查看各地农业生产情况。卜辞中多次出现求禾、求黍、求麦、求雨、省黍、观籍、相田的记录，可见农业生产这种重要的部门是受到高度重视的。

随着社会的稳定、农业的发展，畜

牧业也在家畜饲养的基础上日渐繁盛。马、牛、羊、狗、猪的数量比之夏代有了巨大的增长。在各地发现的商早期的墓葬和遗址中，往往有数量较多的马、牛和羊。据文献记载，当时贵族们已经开始宰杀数十头甚至数百头牲畜来祭祀天地、祖宗和神灵。在畜牧业比较发达的地区，采集和渔猎只作为农业生产的一种补充活动而存在，只是在一些偏僻地区的部分氏族部落还主要依靠渔猎生产维持生活。

商初手工业在农业经济发展的基础上得到很快发展。陶器制造、青铜器冶铸、丝麻纺织、骨角器制作、玉石雕琢、竹木器和漆器的生产、土木营建技术等等都比夏代有了更大的进步。手工业经济的发展促进了社会的分工，一些新兴的社会力量开始产生。黄河流域青铜文化的高度发展，对周围地区产生了巨大的影响，东方沿海一些经济比较发达地区的先进生产技术在各地得到了广泛传播。

在农业和手工业生产发展的基础上，在各个生产部门内部分工日趋

巩固和日益复杂的情况下，商的商业也有一定程度的发展。在商灭夏后，据说在殷民中有一部分人是“肇牵车牛远服贾，用孝养厥父母”。这些人就是从事长途贩运贸易活动的商贾。在殷都和其他重要城邑的贵族们，他们在日常生活中所需用的一些比较珍贵的物品，如龟、贝、玉、珠宝、青铜、皮毛、齿革、丝帛等等，除在专有作坊役使奴隶自行生产之外，还有许多必须来自外地。其中有一部分由各地贡献，也有不少是通过交换的商品。这些商品，主要由一些专业的商贾从事贩运，这样就促进了商业的发展。

六、商汤灭夏建国的历史地位

约在公元前 17 世纪，一个以鸟为图腾的氏族——商在黄河下游崛起，据传说，商王的祖先是五帝的后代之一契，到首领成汤时期，商族迅速崛起。汤以德为政，深得民心；在大臣伊尹、仲虺等人的大力辅佐下，开始了伐桀的战争。先消灭了个葛、韦、顾、昆吾等夏的盟国，剪除了夏桀的羽翼，后又在有娀之墟与鸣条两次大败夏桀军队。成汤回师亳邑后，便正式即位为王，各路诸侯前来朝贺，商王朝正式建立。商朝是中国历史上的第二个王朝，与夏、周并称为中国的“三代”，在中国历史上有着相当重要的地位。商汤在位十二年而死，死后由外丙即位。自外丙经中壬至太甲几代执政时间都很短，商朝的大权实际掌握于伊尹手中。太甲即位后，不遵先法，胡作非为，伊尹便把他放逐到桐。及至悔过，伊尹又亲迎太甲回来继续执政，商的统治又呈现出清明气象。商王朝经过六百多年的发展，在政治、经济以及科学等各方面都比夏代有了长足的进步。从考古出土的殷墟遗址来看，商朝已完全脱离了原

始部落的生活方式，由游牧而改为定居。在殷墟中还出土了大量的占卜龟甲及精美的青铜器、玉器等物品。其中，在安阳发现的“司母戊大方鼎”是我国迄今为止发现的最大的青铜器。这说明商朝的的青铜冶炼和铸造技术已达到相当高的水平。而在占卜龟甲上发现的甲骨文，被普遍认为是商时代的文字，这是我们今天可以识别的最早的中国象形文字，为我们今天研究商文化提供了有力的依据。

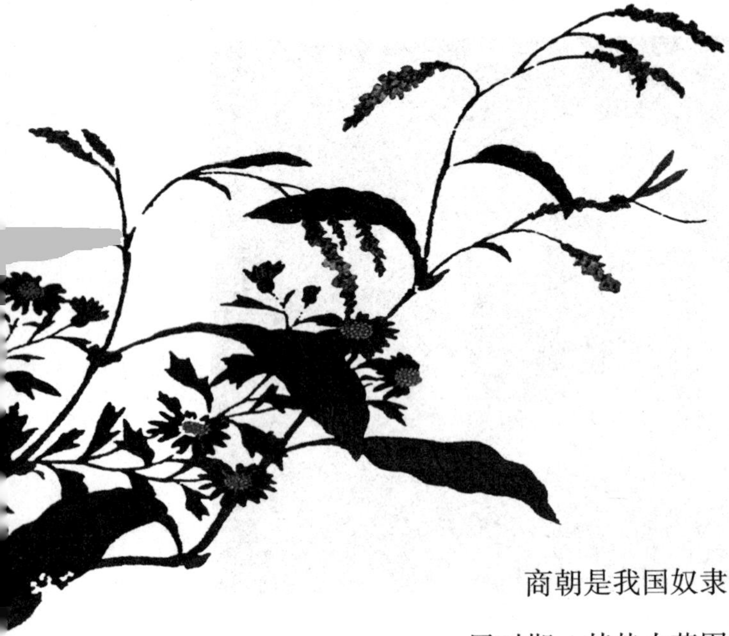

商朝是我国奴隶制国家的形成和发展时期。其势力范围不断扩大，开辟了我国古代第一个拓疆时代。商汤在位时，商王朝的势力已远播西方氐、羌部落。“昔有商汤，自彼氐羌”，初步奠定了中华民族的活动疆域，密切了同周边各少数民族的关系，为统一的多民族国家的形成打下了基础；在经济上，生产工具从骨器、蚌器、石器发展到铸造完美的青铜器；农业生产得到较大的发展，从仅有少量的剩余到“千斯仓”“千斯箱”的储备；

商品经济也有了较大的发展，形成以都邑为中心的商品生产和交换市场及比较统一的货币，使社会生活有了较大的发展；在政治上，确立了以君主为核心的王权专制，从王国到诸侯国，按地区建

立起层层的政权机构，并划分明确的等级，由大大小小的奴隶主世代相袭地把持各级政权，这种宗法和等级制度长期影响着中国古代社会；在思想领域，形成宗教神学思想体系，将天说成是自然与社会的主宰，以证明王权神授，论证自己的统治是合理的和神圣不可侵犯的，并且利用宗教观念来配合暴力统治；在行政管理上，国家行政管理体系不断完善，形成以王为首贵族政体，建立了一套

以中央为内服官（在王国直接统治区内为王室服务的官）、以地方为外服官（在王国直接统治区外分封的诸侯和为诸侯服务的官）的内外服官体系。商朝是我国奴隶制国家的形成、发展时期，居于承上启下的阶段。商朝的政治演变、经济发展、文化的形成对于我国民族的形成和发展以及后代的发展都有着重大而深远的影响。夏、周两朝共同兼容不同民族文化、融合周边民族文化，不断壮大华夏文化，融合其他民族的形制，奠定了华夏文明的基础。